Dieses Buch gehört

Liebe Eltern,

wir wollen Ihr Kind beim Lesenlernen unterstützen, und zwar mit Geschichten, die Spaß machen.

Unsere Bücher mit dem liebenswerten Leselöwen begleiten Ihr Kind durch die 1. Klasse. Sie enthalten eine spannende Geschichte mit einfachen Sätzen und gut lesbarer Schrift. Viele bunte Bilder sorgen für Lesepausen und helfen, die Geschichte zu verstehen. Mit den Aufgaben zum Text kann Ihr Kind selbst prüfen, ob es den Text richtig verstanden hat. Zu den markierten Wörtern warten am Ende des Buches spannende Fakten und in unserem Onlineportal finden Sie viele weitere Extras!

So wird Ihr Sohn oder Ihre Tochter zum echten Leselöwen!

Ihr

Leselöwe!

Jetzt geht es

los!

ANNA TAUBE

LESENACHT
IM KLASSENZIMMER

ILLUSTRIERT VON ELLI BRUDER

www.leseloewen.de

ISBN 978-3-7432-0137-8
3. Auflage 2024
© 2019 Loewe Verlag GmbH, Bühlstraße 4, D-95463 Bindlach
Umschlag- und Innenillustrationen: Elli Bruder
Umschlaggestaltung: Michael Dietrich
Vignetten Leselöwe: Angelika Stubner
Druck und Bindung:
Drukarnia Dimograf Sp. z o.o., ul. Legionów 83, 43-300 Bielsko-Biala, POLEN

www.loewe-verlag.de

INHALT

WILLKOMMEN ZUR LESENACHT!

UM 8 UHR ABENDS SIEHT
DIE SCHULE GANZ ANDERS AUS
ALS UM 8 UHR MORGENS,
FINDET PAUL.

ALLES IST DUNKEL.
UND SO STILL.
ES IST NACHT ...
LESENACHT!

DAS KLASSENZIMMER IST HELL.
UND GAR NICHT STILL.
„MEIN **TEDDY** IST WEG!", RUFT LEA.
„WER WILL CHIPS?", RUFT LENNOX.

PAUL BREITET DIE LUFTMATRATZE
UND DEN SCHLAFSACK AUS.
NATÜRLICH NEBEN LUIS.
LUIS IST SEIN BESTER FREUND.

„HERZLICH WILLKOMMEN
ZU UNSERER LESENACHT!",
BEGRÜSST SIE DIE LEHRERIN.
SIE HEISST FRAU HEIDE.

FRAU HEIDE SCHLÄGT
EIN GROSSES BUCH AUF.
ES IST VOLLER GESCHICHTEN!
DIE KINDER LAUSCHEN GESPANNT.

FRAU HEIDE LIEST
EINE LUSTIGE GESCHICHTE
ÜBER EIN **KÄNGURU** VOR.

DAS KÄNGURU WILL
EINE **WELTREISE** MACHEN.
UND STATT EINES KOFFERS
STOPFT ES SEINEN BEUTEL VOLL.

DIE KINDER HABEN
IHRE LIEBLINGSBÜCHER DABEI:
BILDERBÜCHER, MÄRCHENBÜCHER,
COMICS UND KINDERBÜCHER.

PAUL LIEBT ABENTEUER!
ER LIEST EINE SPANNENDE
DRACHENGESCHICHTE VOR.

RÄTSEL, REIME, LESESPASS

DANN BEGINNT DIE SCHNITZELJAGD!
DIE KINDER MÜSSEN
REIME FINDEN
UND RÄTSEL LÖSEN.

ÜBERALL IN DER SCHULE

HAT FRAU HEIDE TIERE VERSTECKT.

PAUL, LUIS UND PIA SUCHEN.

WAS REIMT SICH AUF KATZE?

DA STEHT EIN WOLF!
DANEBEN LIEGT EIN RÄTSEL:

KUCHEN, WEIN UND UHR –
WEN FRESS ICH HEUTE NUR?

„KUCHEN UND WEIN –
DAS ROTKÄPPCHEN!", RUFT PIA.
„DIE STANDUHR", ÜBERLEGT LUIS.
„DIE SIEBEN GEISSLEIN!"

IN DER GEDICHTE-WERKSTATT
SCHREIBEN DIE KINDER
SELBST EIN GEDICHT.
DAS MACHT PAUL SPASS!

PAUL DICHTET:
JOLANDA, DIE KATZE,
LIEBT 'NEN KATER MIT GLATZE.
ICH GLAUB, ER HEISST MATZE.

JETZT WIRD GEBASTELT!
DIE KINDER SCHNEIDEN
LUSTIGE TIERE AUS UND
SCHREIBEN IHR GEDICHT DARAUF.

„SUPER!", LOBT FRAU HEIDE.
„IHR MACHT DAS ALLE TOLL!"
SIE KLEBT DEN BUNTEN ZOO
AN DIE WAND IM KLASSENZIMMER.

NACHTS IN DER SCHULE

PUH, DIE SCHNITZELJAGD WAR
GANZ SCHÖN ANSTRENGEND.
ALLE HABEN HUNGER UND DURST.
DA KLOPFT ES AN DER TÜR.

FRAU HEIDE ÖFFNET DEM MANN.

„UNSER ABENDESSEN IST DA!"

„LECKER, PIZZA!",
JUBELN DIE KINDER.

NACH DEM ESSEN
PUTZEN SICH ALLE DIE ZÄHNE.
AUF DEM SCHULKLO!

SIE ZIEHEN DIE **SCHLAFANZÜGE** AN
UND KUSCHELN SICH
IN IHRE SCHLAFSÄCKE.
„GUTE NACHT", SAGT FRAU HEIDE.

ES IST DUNKEL. PAUL SEUFZT.
ER DENKT AN ZU HAUSE.
ABER WAS IST DAS?
LUIS WEINT JA! GANZ LEISE ...

PAUL HAT EINE IDEE!
ER REIMT: „MATZE KATZE
PUPST AUF DIE LUFTMATRATZE!"
„IH", SAGT LUIS – UND KICHERT.

„WARUM KICHERT IHR?", RUFT LEA.
„WEIL MATZE KATZE PUPST",
PRUSTET LUIS. UND PAUL RUFT:
„LUFTMATRATZEN-PUPS-KATZE!"

JETZT LACHEN ALLE KINDER.
NIEMAND HAT MEHR HEIMWEH.
UND DANN ... SCHLAFEN ALLE EIN.

FRÜHSTÜCK!

„WER WILL CHIPS
ZUM FRÜHSTÜCK?", RUFT LENNOX.
PAUL WACHT AUF.
IST ES WIRKLICH SCHON MORGEN?

DIE KINDER ZIEHEN SICH AN.
DANN BEREITEN SIE GEMEINSAM
DAS FRÜHSTÜCK ZU.
EIN GESUNDES. OHNE CHIPS.

GENÜSSLICH BEISST PAUL
IN SEIN VOLLKORNBROT MIT QUARK.
ER LÄCHELT LUIS AN.
LUIS GRINST ZURÜCK.

ALLE SIND SICH EINIG:
DIE NACHT IN DER SCHULE
WAR RICHTIG COOL!

JETZT KOMMEN DIE ELTERN.

SIE HELFEN BEIM PACKEN.

„MEIN TEDDY IST
SCHON WIEDER WEG!", RUFT LEA.

„TSCHÜSS, KINDER!"
FRAU HEIDE WINKT.
„TSCHÜSS!", RUFEN DIE KINDER.
„DANKE FÜR DIE LESENACHT!"

1. **Um wie viel Uhr treffen die Kinder sich in der Schule?**

☐ 5 +1 =
☐ 10 − 2 =
☐ 7 + 2 =

Antwort: 10 − 2 = 8

2. **Welches Tier will in der Geschichte eine Weltreise machen?**

Antwort: Känguru

40

3. **Wo putzen die Kinder sich die Zähne? Kreise das richtige Wort ein.**

BAUMSCHULKLOPAPIER

Antwort: Schulklo

4. **Was hat Luis bei der Lesenacht? Bringe die Buchstaben in die richtige Reihenfolge.**

WEIHHEM

Antwort: Heimweh

5. **Welches Wort fehlt hier? Trage es ein.**

Luftmatratzen-_____-Katze

Antwort: Luftmatratzen-Pups-Katze

Lesenacht (Seite 9):

Viele Schulen veranstalten Lesenächte.
Die ganze Klasse und die Lehrerin oder der Lehrer
übernachten in der Schule. Alle bringen Bücher mit
und es wird vorgelesen. Manchmal kommt auch ein
Autor oder eine Autorin und liest aus Büchern vor.

Teddy (Seite 10):

Der Legende nach wurden Plüschbären
nach dem amerikanischen Präsidenten
Theodore Roosevelt benannt. Sein
Spitzname war nämlich Teddy.

Känguru (Seite 14):

Kängurus sind Beuteltiere und leben in
Australien. Direkt nach der Geburt krabbeln
die Babys in den Beutel der Mutter. Ganze sechs
Monate bleiben sie darin. Erst dann sind sie
groß genug, um draußen herumzuhüpfen.

Weltreise (Seite 15):

Nicht jede Weltreise führt wirklich einmal um die ganze Welt. Meistens ist damit gemeint, dass jemand mehrere Länder auf verschiedenen Kontinenten

bereist. Wenn jemand tatsächlich einmal ganz um die Erde reist, nennt man das eine Weltumrundung. Vor 500 Jahren umsegelte die Mannschaft von Magellan das erste Mal die ganze Welt. Sie brauchten dafür drei Jahre!

Schlafanzüge (Seite 29):

Schlafanzüge werden auch Pyjamas genannt. Schlafanzüge, wie wir sie heute kennen, werden erst seit etwa 100 Jahren zum Schlafen angezogen. Davor trugen Frauen und auch Männer meist Nachthemden.

Blättere schnell um und trage die blauen Buchstaben in der richtigen Reihenfolge in die Kästchen ein!

Anna Taube studierte Literatur an der Universität Hildesheim und arbeitet als freie Autorin und Übersetzerin. Sie wohnt mit ihrer Familie im idyllischen Bad Rodach in Oberfranken.

Elli Bruder hat schon als kleines Mädchen gern Bildergeschichten für ihre Geschwister gemalt. Heute arbeitet sie als Grafikerin und Illustratorin für verschiedene Kinderbuchverlage. Sie lebt mit ihrer Familie und vielen Tieren in der Nähe des Ratzeburger Sees in Norddeutschland.

Das Leselöwen-Lösungswort

Besuche den Leselöwen auf
www.leseloewen.de und trage
die farbigen Buchstaben
von den Seiten *Schon gewusst?*
in der richtigen Reihenfolge
in die magische Box ein.

Wenn du das Lösungswort
gefunden hast, kommst du auf
die geheime Seite mit vielen
weiteren Spielen und Rätseln!

Der **Leselöwe** freut sich auf dich!

Jetzt
online!